www.ingramcontent.com/pod-product-compliance
Lightning Source LLC
LaVergne TN
LVHW070907051026
849558LV00046B/597
9789695797150

AF897327

مدنی مُنّوں کے لیے بنیادی اسلامی معلومات پر مُشتمِل مُنفرِد کتاب

مدنی نِصاب

برائے

مدنی قاعِدہ

پیش کش

مَجلِس مَدرَسۃُ المَدِینَۃ

مَجلِس اَلْمَدِیْنَۃُ الْعِلْمِیَۃ

(شُعبہ اِصلاحی کُتُب)

دعوتِ اسلامی

ناشر

مَکتَبۃُ المدینہ کراچی

اَلصَّلٰوۃُ وَالسَّلَامُ عَلَیْكَ یَا رَسُوْلَ اللہ   وَعَلٰی اٰلِكَ وَاَصْحٰبِكَ یَا حَبِیْبَ اللہ

نام کتاب : مَدَنی نِصاب برائے مَدَنی قاعِدہ

پیش کش : مجلس مَدرَسۃُ الْمَدِیْنَہ، مجلس اَلْمَدِیْنَۃُ الْعِلْمِیَہ

پہلی تا بائیسویں بار : ۱۴۳۳ھ/2012ء تا ۱۴۴۴ھ، 2022ء   تعداد: 875,000 (آٹھ لاکھ پچھتر ہزار)

تئیسویں بار : جمادی الاخریٰ ۱۴۴۴ھ، دسمبر 2022ء   تعداد: 50000 (پچاس ہزار)

چوبیسویں بار : جمادی الاخریٰ ۱۴۴۵ھ، دسمبر 2023ء   تعداد: 50000 (پچاس ہزار)

تصدیق نامہ

تاریخ: یکم ربیع الآخر ۱۴۳۲ھ   حوالہ نمبر: ۱۶۸

اَلْحَمْدُ لِلّٰہِ رَبِّ الْعٰلَمِیْنَ وَالصَّلٰوۃُ وَالسَّلَامُ عَلٰی سَیِّدِ الْمُرْسَلِیْنَ وَعَلٰی اٰلِہٖ وَاَصْحَابِہٖ اَجْمَعِیْنَ

تصدیق کی جاتی ہے کہ کتاب

”مَدَنی نِصاب برائے مَدَنی قاعِدہ“

(مطبوعہ: مَکْتَبۃُ الْمَدِیْنَہ) پر مجلس تفتیش کتب و رسائل کی جانب سے نظر ثانی کی کوشش کی گئی ہے۔ مجلس نے اسے مطالب و مفاہیم کے اعتبار سے مقدور بھر ملاحظہ کرلیا ہے، البتہ کمپوزنگ یا کتابت کی غلطیوں کا ذمہ مجلس پر نہیں۔

بسم اللہ الرحمن الرحیم
شعبہ
تفتیشِ کتب و رسائل
فیضانِ مدینہ پرانی سبزی منڈی کراچی

مجلس تفتیش کتب و رسائل (دعوتِ اسلامی)

6 - 03 - 2011

E.mail : Ilmia@dawateislami.net

ضمنی فہرست

مَدَنی نِصاب برائے قاعدہ

صفحہ نمبر	مضمون
4	تفصیلی فہرست
7	المدینۃ العلمیہ (تعارف)
9	پہلے اسے پڑھ لیجئے
10	حمد باری تعالیٰ
11	نعت مصطفےٰ
12	اَذکار
15	دُعائیں
18	ایمانیات
34	عِبادات
40	مَدَنی پھول
45	اَخلاقِیات
45	اَچھے اور بُرے کام
46	مَدَنی ماہ
47	دَعوتِ اِسلامی
48	مَنقبتِ عطّار
50	اَوراد و وَظائف
52	مَنقبتِ غوثِ اعظم
53	مُناجات
54	صلوٰۃ وسلام
56	دُعا
58	ماخذ و مراجع

تفصیلی فہرست

مَدَنی نِصاب برائے مَدَنی قاعدہ

مضمون	صفحہ نمبر	مضمون	صفحہ نمبر
المدینۃ العلمیہ (تعارف)	7	دُعائیں	
پہلے اسے پڑھ لیجئے	9	قرآن پاک پڑھنے کی دُعا	15
حمد باری تعالیٰ		بُلندی پر چڑھنے کی دُعا	15
تُو ہی مالکِ بحر و بر ہے یا اللہ یا اللہ	10	بُلندی سے اُترنے کی دُعا	15
نعت مصطفےٰ		پانی پینے سے پہلے کی دُعا	15
آنکھوں کا تارا نامِ محمد	11	پانی پینے کے بعد کی دُعا	15
اَذکار		کھانے سے پہلے کی دُعا	16
نماز	12	کھانے کے بعد کی دُعا	16
ثناء	12	سوتے وقت کی دُعا	16
تَعَوُّذ	12	جاگتے وقت کی دُعا	16
تسمیہ	12	مسلمان بھائی سے ملاقات کے وقت کی دُعا	17
کلمے	13	مُصافحہ کرتے وقت کی دُعا	17
پہلا کَلِمَہ طَیِّب	13	شُکریہ اَدا کرتے وقت کی دُعا	17
دوسرا کَلِمَہ شہادت	13	ایمانیات	
تیسرا کَلِمَہ تَمْجِید	13	ایمان اور اس کے بیان کی قسمیں	18
دُرود شریف	14	ایمانِ مُجْمَل	18

مضمون	صفحہ نمبر	مضمون	صفحہ نمبر
ایمانِ مُفَصَّل	19	مَدَنی پھول	
اللہ عَزَّوَجَلَّ	20	سَلام کرنے کے مَدَنی پھول	40
ہمارے پیارے نبی صَلَّی اللہُ تَعَالٰی عَلَیْہِ وَاٰلِہٖ وَسَلَّم	21	پانی پینے کے مدنی پھول	41
ہمارا دین	23	کھانا کھانے کے مدنی پھول	42
اَرکانِ اسلام	24	چِھینک کے مدنی پھول	43
فِرِشتے	25	جَماہی کے مدنی پھول	43
اَنبیاء ورُسُل عَلَیْہِمُ السَّلام	26	ناخُن کاٹنے کے مدنی پھول	44
انبیائے کِرام عَلَیْہِمُ السَّلام کے مُعجِزات	28	اَخلاقیات	
آسمانی کِتابیں	29	اَچھے اور بُرے کام	45
صَحابۂ کِرام عَلَیْہِمُ الرِّضْوَان	30	مَدَنی ماہ	
اَولیائے کِرام رَحِمَھُمُ اللہُ السَّلام	32	اسلامی مہینوں کے نام	46
عِبادات		دَعوتِ اِسلامی	
وُضو	34	بُنیادی مَعلومات	47
نَماز	36	مَنقَبتِ عطّار	
اچھّی اچھّی نیّتیں	37	عَطّاری ہوں عَطّاری	48
نعت شریف		اَورادو وَظائف	
مدینہ مدینہ ہمارا مدینہ	39	تَسبیحِ فاطِمہ	50

مضمون	صفحہ نمبر	مضمون	صفحہ نمبر
یَاسَلَامُ	50	مُنَاجات	
یَاوَھَّابُ	50	محبت میں اپنی گُما یا الٰہی	53
یَاعَظِیْمُ	50	صلوٰۃ وسلام	
یَامُجِیْبُ	51	مُصْطَفٰے جانِ رحمت پہ لاکھوں سَلام	54
یَاقَوِیُّ	51	دُعا	
دُرُود شریف	51	دُعا کے آداب	56
مَنقبتِ غوثِ اعظم		دُعائے ماثورہ	57
اَسیروں کے مُشکِل کُشا غوثِ اعظم	52	ماخذ ومراجع	58

فضائلِ قرآنِ کریم

فرمانِ مُصطَفٰے صَلَّی اللہُ تَعَالٰی عَلَیْہِ وَاٰلِہٖ وَسَلَّم:

یہ قرآن مجید **اللہ** عَزَّوَجَلَّ کی طرف سے ضیافت ہے توتم اپنی استطاعت کے مطابق اُسکی ضیافت قبول کرو۔ بیشک یہ قرآن مجید، **اللہ** عَزَّوَجَلَّ کی مضبوط رسی، نورِ مُبِین اور نفع بخش شفا ہے، جواسے اختیار کرتا ہے اسکے لئے ڈھال اور جواس پر عمل کرے اُسکے لئے نجات ہے۔ یہ حق سے نہیں پھرتا کہ اسکے ازالے کیلئے تھکنا پڑے اور یہ ٹیڑھی راہ نہیں کہ اسے سیدھا کرنا پڑے۔ اسکے فوائد ختم نہیں ہوتے اور کثرتِ تلاوت سے پرانا نہیں ہوتا (یعنی اپنی حالت پر قائم رہتا ہے)۔ توتم اسکی تلاوت کیا کرو **اللہ** عَزَّوَجَلَّ تمہیں ہر حرف کی تلاوت پر دس نیکیاں عطا فرمائے گا۔ مَیں نہیں کہتا کہ "الٓمّٓ" ایک حرف ہے بلکہ "الف" ایک حرف، "لام" ایک حرف اور "میم" ایک حرف ہے۔ (المستدرک، الحدیث: ۲۰۸۴، ج ۲، ص ۲۵۶)

اَلْحَمْدُ لِلّٰہِ رَبِّ الْعٰلَمِیْنَ وَالصَّلٰوۃُ وَالسَّلَامُ عَلٰی سَیِّدِ الْمُرْسَلِیْنَ
اَمَّا بَعْدُ! فَاَعُوْذُ بِاللّٰہِ مِنَ الشَّیْطٰنِ الرَّجِیْمِ ط بِسْمِ اللّٰہِ الرَّحْمٰنِ الرَّحِیْمِ ط

اَلْمَدِیْنَۃُ الْعِلْمِیَّۃ

از: شیخِ طریقت، امیرِ اہلسنّت، بانیٔ دعوتِ اسلامی حضرت علّامہ
مولانا ابوبلال **محمد الیاس عطّار** قادری رضوی ضیائی

اَلْحَمْدُ لِلّٰہِ عَلٰی اِحْسَانِہٖ وَ بِفَضْلِ رَسُوْلِہٖ صَلَّی اللّٰہُ تَعَالٰی عَلَیْہِ وَاٰلِہٖ وَسَلَّم **تبلیغِ قرآن و سنّت کی عالمگیر غیر سیاسی تحریک "دعوتِ اسلامی"** نیکی کی دعوت، اِحیائے سنّت اور اشاعتِ علمِ شریعت کو دنیا بھر میں عام کرنے کا عزمِ مُصمّم رکھتی ہے، اِن تمام اُمور کو بحسنِ خوبی سر انجام دینے کے لئے مُتعَدَّد مجالس کا قیام عمل میں لایا گیا ہے جن میں سے ایک مجلس **"المدینۃ العلمیۃ"** بھی ہے جو **دعوتِ اسلامی** کے عُلما و مُفتیانِ کرام کَثَّرَھُمُ اللّٰہُ تَعَالٰی پر مُشتمل ہے، جس نے خالص علمی، تحقیقی اور اشاعتی کام کا بیڑا اٹھایا ہے۔

اس کے مندرجہ ذیل چھ شعبے ہیں:

(۱) شعبۂ کُتُبِ اعلیٰ حضرت
(۲) شعبۂ درسی کُتُب
(۳) شعبۂ اِصلاحی کُتُب
(۴) شعبۂ تراجمِ کُتُب
(۵) شعبۂ تفتیشِ کُتُب
(۶) شعبۂ تخریج

"المدینۃ العلمیۃ" کی اَوّلین ترجیح سرکارِ اعلیٰ حضرت، اِمامِ اَہلسنّت، عظیمُ البَرَکت، عظیمُ المَرْتَبت، پروانۂ شمعِ رِسالت، مُجدِّدِ دین ومِلّت، حامیٔ سنّت، ماحیٔ بِدعت، عالِمِ شَرِیْعَت، پیرِ طریقت،

باعثِ خَیر و بَرَکت، حضرتِ علاّمہ مولٰینا اَلحاج اَلحافِظ القاری شاہ امام اَحمد رَضا خان عَلَیْہِ رَحمَۃُ الرَّحْمٰن کی گِراں مایہ تصانیف کو عصرِ حاضر کے تقاضوں کے مطابِق حتَّی الْوَسْع سَہل اُسلُوب میں پیش کرنا ہے۔ تمام اسلامی بھائی اور اسلامی بہنیں اِس عِلمی، تحقیقی اور اشاعتی مَدَنی کام میں ہر ممکن تعاوُن فرمائیں اور **مجلس** کی طرف سے شائع ہونے والی کُتُب کا خود بھی مُطالَعہ فرمائیں اور دوسروں کو بھی اِس کی ترغیب دلائیں۔

اللّٰہ عَزَّوَجَلَّ **"دعوتِ اسلامی"** کی تمام مجالِس بَشُمُول **"المدینۃ العلمیۃ"** کو دن گیارہویں اور رات بارہویں ترقّی عطا فرمائے اور ہمارے ہر عملِ خیر کو زیورِ اِخلاص سے آراستہ فرما کر دونوں جہاں کی بھلائی کا سبب بنائے۔ ہمیں زیرِ گنبدِ خضرا شہادت، جنّتُ البَقِیع میں مدفن اور جنّت الفردوس میں جگہ نصیب فرمائے۔

اٰمِیْن بِجَاہِ النَّبِیِّ الْاَمِیْن صَلَّی اللّٰہُ تَعَالٰی عَلَیْہِ وَاٰلِہٖ وَسَلَّم

رمضان المبارک ۱۴۲۵ھ

تعریف اور سعادت

حضرت سیِّدُنا امام **عبد اللّٰہ** بن عمر بیضاوی عَلَیْہِ رَحمَۃُ اللّٰہِ الْقَوِی (متوفی ۶۸۵ھ) ارشاد فرماتے ہیں: "جو شخص **اللّٰہ** عَزَّوَجَلَّ اور اس کے رسول صَلَّی اللّٰہُ تَعَالٰی عَلَیْہِ وَاٰلِہٖ وَسَلَّم کی فرمانبرداری کرتا ہے دُنیا میں اس کی تعریفیں ہوتی ہیں اور آخرت میں سعادت مندی سے سرفراز ہوگا۔"

(تفسیر البیضاوی، پ ۲۲، الاحزاب، تحت الایۃ: ۷۱، ج ۴، ص ۳۸۸)

پہلے اسے پڑھ لیجئے

قرآنِ مجید اللہ عَزَّوَجَلَّ کی آخری کتاب ہے، اس کو پڑھنے اور اس پر عمل کرنے والا دونوں جہاں میں کامیاب وکامران ہوتا ہے۔ اَلْحَمْدُ لِلّٰہ عَزَّوَجَلَّ تبلیغ قرآن وسنّت کی عالمگیر غیر سیاسی تحریک دعوتِ اسلامی کے تحت اندرون و بیرون مُلک حفظ و ناظرہ کے لاتعداد مدارِس بنام مدرسۃُ المدینہ قائم ہیں۔ صرف پاکستان میں تادمِ تحریر کم وبیش 75 ہزار مَدَنی مُنّے اور مَدَنی مُنّیوں کو حفظ و ناظرہ کی مفت تعلیم دی جارہی ہے۔ ان مدارس میں قرآنِ کریم کے ساتھ ساتھ دینی معلومات اور تربیت پر بھی خصوصی توجہ دی جاتی ہے تاکہ مدرسۃُ المدینہ سے فارغ ہونے والا طالب علم تعلیمِ قرآن کے ساتھ ساتھ دینِ اسلام کی تعلیمات سے بھی رُوشناس ہو اور اس میں علم وعمل دونوں رنگ نظر آئیں، وہ حسنِ اخلاق کا پیکر ہو، اچھائی اور برائی کی پہچان رکھتا ہو، بُری عادتوں سے پاک اور اچھے اوصاف کا مالک ہو اور بڑا ہوکر معاشرے کا ایسا باکردار مسلمان بنے کہ عمر بھر اپنی اور ساری دنیا کے لوگوں کی اصلاح کی کوشش میں مصروف رہے۔

شعبۂ قاعدہ میں کم عمر مدنی منّے زیرِ تعلیم ہوتے ہیں چنانچہ ان کی ذہنی سطح کے مطابق ایسا نصاب پیش کیا جارہا ہے جس میں ابتدائی دینی معلومات تعوذ، تسمیہ، ثنا مختصر و آسان دعائیں، بنیادی عقائد، دیگر ضروری مسائل، معلوماتِ عامہ میں آسمانی کتابیں، انبیائے کرام عَلَیْہِمُ السَّلَام اور صحابہ و اولیائے کرام عَلَیْہِمُ الرِّضْوَان کے متعلق ابتدائی معلومات موجود ہیں۔

"مَدَنی نِصاب برائے مَدَنی قاعِدہ" کی پیشکش کا سہرہ **مجلس مدرسۃ المدینہ** اور **مجلس المدینۃ العلمیہ** کے سر ہے جبکہ **دارالافتاء اہلسنت** سے اس کی شرعی تفتیش کروائی گئی ہے۔

یہی ہے آرزو تعلیمِ قرآں عام ہوجائے
ہر اک پرچم سے اُونچا پرچمِ اسلام ہوجائے

مَجْلِس مَدْرَسَۃُ الْمَدِیْنہ
مَجْلِس اَلْمَدِیْنَۃُ الْعِلْمِیہ

حَمدِ بارِی تَعالیٰ [1]

تو ہی مالکِ بَحْر و بَر ہے یااللّٰہُ یااللّٰہ
تو ہی خالقِ جِنّ و بَشر ہے یااللّٰہُ یااللّٰہ
تو اَبدی ہے تو اَزَلی ہے تیرا نام علیم و علی ہے
ذات تری سب سے برتر ہے یااللّٰہُ یااللّٰہ
وَصف بیاں کرتے ہیں سارے سنگ وشَجَراور چاندستارے
تسبیحِ ہر خشک و تر ہے یااللّٰہُ یااللّٰہ
تیرا چرچا گلی گلی ہے ڈالی ڈالی کلی کلی ہے
واصِف ہر اِک پھول وثَمر ہے یااللّٰہُ یااللّٰہ
خَلقت جب پانی کوترسے رِم جھم رِم جھم بَرکھا بَرسے
ہر اِک پر رحمت کی نظر ہے یااللّٰہُ یااللّٰہ
رات نے جب سراپنا چُھپایا چڑیوں نے یہ ذِکرسُنایا
نغمہ بارِ نسیمِ سحر ہے یااللّٰہُ یااللّٰہ
بخش دے توعطّار کومولیٰ واسطہ تجھ کواُس پیارے کا
جو کہ نبیوں کا سرور ہے یااللّٰہُ یااللّٰہ

[1]......وسائلِ بخشش، ص ۴۲

نعتِ مُصطفٰی

آنکھوں کا تارا نامِ محمد
دل کا اُجالا نامِ محمد
دولت جو چاہو دونوں جہاں کی
کر لو وظیفہ نامِ محمد
نوح و خلیل و موسیٰ و عیسیٰ
سب کا ہے آقا نامِ محمد
پائیں مرادیں دونوں جہاں میں
جس نے پکارا نامِ محمد
پوچھے گا مولیٰ لایا ہے کیا کیا
میں یہ کہوں گا نامِ محمد
اپنے رضاؔ کے قربان جاؤں
جس نے سکھایا نامِ محمد
اپنے جمیؔل رِضوی کے دل میں
آ جا سما جا نامِ محمد

(مَدّاحِ حبیب حضرت مولانا جمیلُ الرحمن رِضوی عَلَیْہِ رَحمَۃُ اللّٰہِ الْقَوِی)

اَذکار

نماز

ثناء

سُبْحٰنَكَ اللّٰهُمَّ وَبِحَمْدِكَ وَتَبَارَكَ اسْمُكَ
وَتَعَالٰى جَدُّكَ وَلَا اِلٰهَ غَيْرُكَ ط

تَرجَمہ: پاک ہے تو اے اللہ عَزَّوَجَلَّ! اور میں تیری حَمد کرتا ہوں، تیرا نام بَرَکت والا ہے اور تیری شان بہت بلند ہے اور تیرے سِوا کوئی معبود نہیں۔

تَعَوُّذ

اَعُوْذُ بِاللّٰهِ مِنَ الشَّيْطٰنِ الرَّجِيْمِ ط

تَرجَمہ: میں اللہ عَزَّوَجَلَّ کی پناہ مانگتا ہوں شیطان مردود سے۔

تَسْمِیہ

بِسْمِ اللّٰهِ الرَّحْمٰنِ الرَّحِيْمِ ط

تَرجَمہ: اللہ کے نام سے شروع جو بہُت مہربان رحمت والا۔

کلمے

پہلا کَلِمَہ طَیّب

(طیب معنی پاک)

لَآ اِلٰـهَ اِلَّا اللّٰهُ مُحَمَّدٌ رَّسُوْلُ اللّٰهِ ط

تَرجَمہ: **اللہ** کے سوا کوئی عبادت کے لائق نہیں حضرت محمد (صَلَّی اللّٰہُ تَعَالٰی عَلَیْہِ وَاٰلِہٖ وَسَلَّم) **اللہ** کے رَسُول ہیں۔

دوسرا کَلِمَہ شہادت

(شہادت معنی گواہی)

اَشْهَدُ اَنْ لَّآ اِلٰـهَ اِلَّا اللّٰهُ وَحْدَهٗ لَا شَرِيْكَ لَهٗ

وَاَشْهَدُ اَنَّ مُحَمَّدًا عَبْدُهٗ وَرَسُوْلُهٗ ط

تَرجَمہ: میں گواہی دیتا ہوں کہ **اللہ** کے سوا کوئی معبود نہیں، وہ اکیلا ہے، اس کا کوئی شریک نہیں اور میں گواہی دیتا ہوں کہ بے شک حضرت محمد (صَلَّی اللّٰہُ تَعَالٰی عَلَیْہِ وَاٰلِہٖ وَسَلَّم) **اللہ** کے بندے اور رسول ہیں۔

تیسرا کَلِمَہ تَمْجِیْد

(تمجید معنی بزرگی)

سُبْحٰنَ اللّٰهِ وَالْحَمْدُ لِلّٰهِ وَلَآ اِلٰـهَ اِلَّا اللّٰهُ وَاللّٰهُ

اَکْبَرُ ط وَلَا حَوْلَ وَلَا قُوَّةَ اِلَّا بِاللّٰهِ الْعَلِيِّ الْعَظِيْمِ ط

ترجمہ: اللہ پاک ہے اور سب تعریفیں اللہ کے لئے ہیں اور اللہ کے سوا کوئی معبود نہیں اور اللہ سب سے بڑا ہے۔ گناہوں سے بچنے کی طاقت اور نیکی کرنے کی توفیق اللہ ہی کی طرف سے ہے جو سب سے بلند، عظمت والا ہے۔

دُرُود شریف

فرمانِ مُصطفٰے صَلَّی اللّٰہُ تَعَالٰی عَلَیْہِ وَاٰلِہٖ وَسَلَّم:

"تم جہاں بھی ہو مجھ پر دُرود پڑھو تمہارا دُرود مجھ تک پہنچتا ہے۔" [1]

صَلُّوْا عَلَی الْحَبِیْب! صَلَّی اللّٰہُ تَعَالٰی عَلٰی مُحَمَّد

اَلصَّلٰوةُ وَالسَّلَامُ عَلَیْكَ یَا رَسُوْلَ اللّٰه وَعَلٰی اٰلِكَ وَاَصْحٰبِكَ یَا حَبِیْبَ اللّٰه

دُرود اور سلام ہو آپ پر اے اللہ عَزَّوَجَلَّ کے رسول اور آپ کی اولاد اور آپ کے صحابہ پر اے اللہ عَزَّوَجَلَّ کے حبیب

اَلصَّلٰوةُ وَالسَّلَامُ عَلَیْكَ یَا نَبِیَّ اللّٰه وَعَلٰی اٰلِكَ وَاَصْحٰبِكَ یَا نُوْرَ اللّٰه

دُرود اور سلام ہو آپ پر اے اللہ عَزَّوَجَلَّ کے نبی اور آپ کی اولاد اور آپ کے صحابہ پر اے اللہ عَزَّوَجَلَّ کے نور

---

[1] ...... سُنن اَبی داوٗد، کتابُ المَناسِک، بابُ زیارۃِ القُبور، اَلحدیث: ۲۰۴۲، ج ۲، ص ۳۱۵

دُعائیں

قرآن پاک پڑھنے کی دعا:

اَعُوْذُ بِاللّٰہِ مِنَ الشَّیْطٰنِ الرَّجِیْمِ ط

تَرجَمہ: میں اللّٰہ عَزَّوَجَلَّ کی پناہ مانگتا ہوں شیطان مردود سے۔

بلندی پر چڑھنے کی دعا:

اَللّٰہُ اَکْبَرُ ط

تَرجَمہ: اللّٰہ عَزَّوَجَلَّ سب سے بڑا ہے۔

بلندی سے اُترنے کی دعا:

سُبْحٰنَ اللّٰہ ط

تَرجَمہ: اللّٰہ عَزَّوَجَلَّ (ہر عیب سے) پاک ہے۔

پانی پینے سے پہلے کی دعا:

بِسْمِ اللّٰہِ الرَّحْمٰنِ الرَّحِیْمِ ط

تَرجَمہ: اللّٰہ کے نام سے شروع جو بہت مہربان رحمت والا۔

پانی پینے کے بعد کی دعا:

اَلْحَمْدُ لِلّٰہِ رَبِّ الْعٰلَمِیْنَ ط

تَرجَمہ: سب خوبیاں اللّٰہ عَزَّوَجَلَّ کو جو مالک سارے جہان والوں کا۔

کھانے سے پہلے کی دعا:

بِسۡمِ اللّٰہِ وَ عَلٰی بَرَکَۃِ اللّٰہِ ط

ترجمہ: **اللّٰہ** عَزَّوَجَلَّ کے نام سے اور **اللّٰہ** عَزَّوَجَلَّ کی برکت پر (کھاتا ہوں)۔

کھانے کے بعد کی دعا:

اَلۡحَمۡدُ لِلّٰہِ الَّذِیۡ اَطۡعَمَنَا
وَسَقَانَا وَجَعَلَنَا مُسۡلِمِیۡنَ ط [1]

ترجمہ: سب خوبیاں **اللّٰہ** عَزَّوَجَلَّ کے لئے جس نے ہمیں کھلایا اور پلایا اور ہمیں مُسلمان بنایا۔

سوتے وقت کی دعا:

اَللّٰھُمَّ بِاسۡمِکَ اَمُوۡتُ وَاَحۡیٰی ط [2]

ترجمہ: اے **اللّٰہ** عَزَّوَجَلَّ میں تیرے نام سے مرتا (یعنی سوتا) ہوں اور جیتا (یعنی جاگتا) ہوں۔

جاگتے وقت کی دعا:

اَلۡحَمۡدُ لِلّٰہِ الَّذِیۡ اَحۡیَانَا بَعۡدَ
مَا اَمَاتَنَا وَاِلَیۡہِ النُّشُوۡرُ ط [3]

---

[1] ……سُنن ابی داوٗد، کتابُ الاطعِمہ، الحدیث: ٣٨٥٠، ج ٣، ص ٥١٣
[2] ……صحیحُ البُخاری، کتابُ الدّعوات، الحدیث: ٦٣١٤، ج ٤، ص ١٩٣
[3] ……المرجع السابق

ترجمہ: سب خوبیاں اللہ عَزَّوَجَلَّ کے لئے جس نے ہمیں موت (یعنی نیند) کے بعد حیات (یعنی بیداری) عطا فرمائی اور ہمیں اسی کی طرف لوٹنا ہے۔

مُسلمان بھائی سے ملاقات کے وقت کی دعا:

اَلسَّلَامُ عَلَيْكُمْ وَرَحْمَةُ اللّٰهِ وَبَرَكَاتُهٗ ط

ترجمہ: تم پر سلامتی ہو اور اللہ عَزَّوَجَلَّ کی رحمت اور برکتیں ہوں۔

مُصافحہ کرتے وقت کی دعا:

يَغْفِرُ اللّٰهُ لَنَا وَلَكُمْ ط

ترجمہ: اللہ عَزَّوَجَلَّ ہماری اور تمہاری مغفرت فرمائے۔

شُکریہ اَدا کرتے وقت کی دعا:

جَزَاكَ اللّٰهُ خَيْرًا ط

ترجمہ: اللہ عَزَّوَجَلَّ تم کو بہترین بدلہ دے۔

ایمانیات

ایمان اور اس کے بیان کی قسمیں

سوال……: ایمان کسے کہتے ہیں؟

جواب……: حضرت محمد مصطفٰے صَلَّی اللہُ تَعَالٰی عَلَیْہِ وَاٰلِہٖ وَسَلَّم اپنے ربّ کے پاس سے جو کچھ لائے، ان سب کو حق جاننے اور سچے دل سے ماننے کو ایمان کہتے ہیں۔

سوال……: ایمان کے بیان کی کتنی قسمیں ہیں اور کون سی ہیں؟

جواب……: ایمان کے بیان کی دو قسمیں ہیں اور وہ یہ ہیں:

(۱)……ایمان مُجمل (۲)……ایمان مُفصَّل

سوال……: ایمان مُجمل کسے کہتے ہیں؟

جواب……: ایمان کے اِجمالی (یعنی مختصر) بیان کو "ایمانِ مُجمل" کہتے ہیں۔

سوال……: ایمان مُجمل اور اس کا ترجمہ سنائیے؟

جواب……: **ایمانِ مُجمَل**

اٰمَنْتُ بِاللّٰہِ کَمَا ھُوَ بِاَسْمَآئِہٖ وَصِفَاتِہٖ وَقَبِلْتُ جَمِیْعَ اَحْکَامِہٖ اِقْرَارٌ بِاللِّسَانِ وَتَصْدِیْقٌ بِالْقَلْبِ ط

تَرجَمہ: میں ایمان لایا اللہ پر جیسا کہ وہ اپنے ناموں اور صفتوں کے ساتھ ہے اور میں نے اس کے تمام احکام قبول کئے زبان سے اقرار کرتے ہوئے اور دل سے تصدیق کرتے ہوئے۔

سوال......: ایمان مُفَصَّل کسے کہتے ہیں؟

جواب......: ایمان کے تفصیلی بیان کو ''ایمانِ مُفَصَّل'' کہتے ہیں۔

سوال......: ایمان مُفَصَّل اور اس کا ترجمہ سنائیے؟

جواب......: **ایمانِ مُفَصَّل**

اٰمَنْتُ بِاللّٰهِ وَمَلٰٓئِكَتِهٖ وَكُتُبِهٖ وَرُسُلِهٖ وَالْيَوْمِ الْاٰخِرِ
وَالْقَدْرِ خَيْرِهٖ وَشَرِّهٖ مِنَ اللّٰهِ تَعَالٰى وَالْبَعْثِ بَعْدَ الْمَوْتِ ط

ترجمہ: میں ایمان لایا **اللہ** پر اور اس کے فرشتوں پر اور اس کی کتابوں پر اور اس کے رسولوں پر اور قیامت کے دن پر اور اس پر کہ اچھی اور بُری تقدیر **اللہ** کی طرف سے ہے اور موت کے بعد اٹھائے جانے پر۔

پانچ کو پانچ سے پہلے

پیارے مدنی منو! یقیناً زندگی بے حد مختصر ہے، جو وقت مل گیا سو مل گیا، آئندہ وقت ملنے کی اُمّید دھوکہ ہے۔ کیا معلوم آئندہ لمحے ہم موت سے ہم آغوش ہو چکے ہوں۔ رحمتِ عالم، نورِ مجسّم شاہِ بنی آدم صَلَّی اللہُ تَعَالٰی عَلَیْہِ وَاٰلِہٖ وَسَلَّم ارشاد فرماتے ہیں: پانچ چیزوں کو پانچ چیزوں سے پہلے غنیمت جانو: (۱) جوانی کو بڑھاپے سے پہلے (2) صحت کو بیماری سے پہلے (3) مالداری کو تنگدستی سے پہلے (4) فرصت کو مشغولیت سے پہلے اور (5) زندگی کو موت سے پہلے۔ (المُستَدرَک، الحدیث: ۷۹۱۶، ج۵ ص۴۳۵ دارالمعرفۃ بیروت)

اللہ عَزَّوَجَلَّ

سوال:...... ہمیں کس نے پیدا کیا ہے؟

جواب:...... ہمیں اللہ عَزَّوَجَلَّ نے پیدا کیا ہے۔

سوال:...... زمین، آسمان، سورج، چاند اور ستارے کس نے بنائے؟

جواب:...... زمین، آسمان، سورج، چاند اور ستارے سب اللہ عَزَّوَجَلَّ نے بنائے ہیں۔

سوال:...... ہم کس کی عبادت کرتے ہیں؟

جواب:...... اللہ عَزَّوَجَلَّ کی۔

سوال:...... ہر چیز کو دیکھنے اور سننے والا کون ہے؟

جواب:...... اللہ عَزَّوَجَلَّ ہر چیز کو دیکھنے اور سننے والا ہے۔

سوال:...... کیا اللہ عَزَّوَجَلَّ سے کوئی چیز چھپ سکتی ہے؟

جواب:...... جی نہیں! اللہ عَزَّوَجَلَّ سے کوئی چیز نہیں چھپ سکتی، اس کو ہر چیز کا علم ہے۔

ہمارے پیارے نبی صَلَّی اللّٰہُ تَعَالٰی عَلَیْہِ وَاٰلِہٖ وَسَلَّم

سوال......: ہمارے پیارے نبی صَلَّی اللّٰہُ تَعَالٰی عَلَیْہِ وَاٰلِہٖ وَسَلَّم کا نامِ مُبارک کیا ہے؟

جواب......: ہمارے پیارے نبی صَلَّی اللّٰہُ تَعَالٰی عَلَیْہِ وَاٰلِہٖ وَسَلَّم کا نامِ مُبارک حضرت **محمد** صَلَّی اللّٰہُ تَعَالٰی عَلَیْہِ وَاٰلِہٖ وَسَلَّم ہے۔

سوال......: ہمارے پیارے نبی صَلَّی اللّٰہُ تَعَالٰی عَلَیْہِ وَاٰلِہٖ وَسَلَّم کی وِلادتِ باسعادت کس شہر میں ہوئی ؟

جواب......: ہمارے پیارے نبی صَلَّی اللّٰہُ تَعَالٰی عَلَیْہِ وَاٰلِہٖ وَسَلَّم کی وِلادتِ باسعادت عرب کے مشہور شہر مکہ مکرمہ میں ہوئی۔

سوال......: ہمارے پیارے نبی صَلَّی اللّٰہُ تَعَالٰی عَلَیْہِ وَاٰلِہٖ وَسَلَّم کی وِلادتِ باسعادت کس تاریخ کو اور کس مہینے میں ہوئی ؟

جواب......: ہمارے پیارے نبی صَلَّی اللّٰہُ تَعَالٰی عَلَیْہِ وَاٰلِہٖ وَسَلَّم کی وِلادتِ باسعادت 12 ربیعُ الاوّل شریف کو ہوئی۔

سوال......: ہمارے پیارے نبی صَلَّی اللّٰہُ تَعَالٰی عَلَیْہِ وَاٰلِہٖ وَسَلَّم کی وِلادتِ باسعادت کس دِن ہوئی؟

جواب......: ہمارے پیارے نبی صَلَّی اللّٰہُ تَعَالٰی عَلَیْہِ وَاٰلِہٖ وَسَلَّم کی وِلادتِ باسعادت پیر کے دِن ہوئی۔

سوال......: ہمارے پیارے نبی صَلَّی اللّٰہُ تَعَالٰی عَلَیْہِ وَاٰلِہٖ وَسَلَّم کے والدِ محترم کا کیا نام ہے؟

جواب......: ہمارے پیارے نبی صَلَّی اللّٰہُ تَعَالٰی عَلَیْہِ وَاٰلِہٖ وَسَلَّم کے والدِ محترم کا نام حضرت سیِّدُنا **عبد اللّٰہ** رَضِیَ اللّٰہُ تَعَالٰی عَنْہ ہے۔

سوال......: ہمارے پیارے نبی صَلَّی اللّٰہُ تَعَالٰی عَلَیْہِ وَاٰلِہٖ وَسَلَّم کی والدۂ ماجدہ رَضِیَ اللّٰہُ تَعَالٰی عَنْہَا کا کیا نام ہے؟

جواب......: ہمارے پیارے نبی صَلَّی اللّٰہُ تَعَالٰی عَلَیْہِ وَاٰلِہٖ وَسَلَّم کی والدۂ ماجدہ کا نام حضرت سیِّدَتُنا آمنہ رَضِیَ اللّٰہُ تَعَالٰی عَنْہَا ہے۔

سوال......: ہمارے پیارے نبی صَلَّی اللّٰہُ تَعَالٰی عَلَیْہِ وَاٰلِہٖ وَسَلَّم کا روضۂ مُبارَکہ کہاں ہے؟

جواب......: ہمارے پیارے نبی صَلَّی اللّٰہُ تَعَالٰی عَلَیْہِ وَاٰلِہٖ وَسَلَّم کا روضۂ مُبارَکہ مدینۂ مُنورہ میں ہے۔

سوال......: ہمارے پیارے نبی صَلَّی اللّٰہُ تَعَالٰی عَلَیْہِ وَاٰلِہٖ وَسَلَّم کی ظاہری عمرِ مُبارک کتنی تھی؟

جواب......: ہمارے پیارے نبی صَلَّی اللّٰہُ تَعَالٰی عَلَیْہِ وَاٰلِہٖ وَسَلَّم کی ظاہری عمرِ مُبارک 63 سال تھی۔

ہمارا دین

سوال ...... : ہم کون ہیں؟

جواب ...... : ہم مسلمان ہیں۔

سوال ...... : ہمارا دین کیا ہے؟

جواب ...... : ہمارا دین اِسلام ہے۔

سوال ...... : مسلمان کسے کہتے ہیں؟

جواب ...... : دین اِسلام کے ماننے والے کو مسلمان کہتے ہیں۔

سوال ...... : مسلمان کس کی عبادت کرتے ہیں؟

جواب ...... : مسلمان صرف اللہ عَزَّوَجَلَّ کی عبادت کرتے ہیں۔

سوال ...... : دین اِسلام کیا سکھاتا ہے؟

جواب ...... : دین اِسلام سچائی، صفائی، بھلائی اور اچھائی سکھاتا ہے۔

سوال ...... : اِسلام کا کلمہ کیا ہے؟

جواب ...... : اِسلام کا کلمہ یہ ہے:

لَآ اِلٰهَ اِلَّا اللّٰهُ مُحَمَّدٌ رَّسُوْلُ اللّٰهِ ؕ

ترجمہ: اللہ کے سوا کوئی عبادت کے لائق نہیں حضرت محمد (صَلَّی اللّٰہُ تَعَالٰی عَلَیْہِ وَاٰلِہٖ وَسَلَّم) اللہ کے رسول ہیں۔

اَرکانِ اِسلام

سوال......: ارکانِ اسلام کتنے ہیں؟

جواب......: ارکان اسلام پانچ ہیں: ﴿1﴾......اس بات کی گواہی دینا کہ **اللہ** عَزَّوَجَلَّ کے سوا کوئی عبادت کے لائق نہیں اور حضرت **محمد** صَلَّی اللّٰہُ تَعَالٰی عَلَیْہِ وَاٰلِہٖ وَسَلَّم **اللہ** عَزَّوَجَلَّ کے خاص بندے اور رسول ہیں ﴿2﴾......نماز قائم کرنا ﴿3﴾......زکوٰۃ ادا کرنا ﴿4﴾......حج کرنا ﴿5﴾......رمضان کے روزے رکھنا۔[1]

سوال......: دن رات میں کتنی نمازیں فرض ہیں؟

جواب......: دن رات میں پانچ نمازیں فرض ہیں۔

سوال......: پانچ فرض نمازوں کے نام بتایئے؟

جواب......: ﴿1﴾......فجر ﴿2﴾......ظہر ﴿3﴾......عصر ﴿4﴾......مغرب ﴿5﴾......عشاء۔

سوال......: مسلمانوں پر کس مہینے کے روزے فرض ہیں؟

جواب......: مسلمانوں پر ماہِ رَمَضانُ الْمُبَارک کے روزے فرض ہیں۔

سوال......: حج کس پر فرض ہے؟

جواب......: ہر صاحبِ اِسْتِطاعت مسلمان پر زندگی میں ایک بار حج فرض ہے۔

سوال......: حج کہاں اَدا ہوتا ہے؟

جواب......: حج مکۂ مکرمہ اور عرفات میں اَدا ہوتا ہے۔

---

[1] ......صحیح البخاری، کتاب الایمان، الحدیث:۸، ج ۱، ص ۱۴

فَرِشتے

سوال......: فَرِشتے کون ہیں؟

جواب......: فَرِشتے اللہ عَزَّوَجَلَّ کی نوری مخلوق ہیں۔

سوال......: فَرِشتے کیا کرتے ہیں؟

جواب......: فَرِشتے وہی کرتے ہیں جس کا انہیں اللہ عَزَّوَجَلَّ حکم دیتا ہے۔

سوال......: فَرِشتوں کے سردار کون ہیں؟

جواب......: فَرِشتوں کے سردار حضرت جبرئیل عَلَیْہِ السَّلَام ہیں۔

سوال......: فَرِشتوں کی تعداد کتنی ہے؟

جواب......: فَرِشتوں کی تعداد اللہ عَزَّوَجَلَّ اور اس کا رسول صَلَّی اللہُ تَعَالٰی عَلَیْہِ وَاٰلِہٖ وَسَلَّم ہی بہتر جانتے ہیں۔

سوال......: فَرِشتوں کی غذا کیا ہے؟

جواب......: فَرِشتوں کی کوئی غذا نہیں، وہ نہ کچھ کھاتے ہیں اور نہ ہی کچھ پیتے ہیں۔

جنت ماں کے قدموں تلے ہے

حضرت سیدنا انس بن مالک رَضِیَ اللہُ تَعَالٰی عَنْہ سے مروی ہے کہ نور کے پیکر، تمام نبیوں کے سَرْوَر، دو جہاں کے تاجْوَر، سلطانِ بحر و بَر صَلَّی اللہُ تَعَالٰی عَلَیْہِ وَاٰلِہٖ وَسَلَّم نے ارشاد فرمایا: جنت ماؤں کے قدموں تلے ہے۔ (کنز العمال، کتاب النکاح، الباب الثامن فی بر الوالدین، الحدیث: ۴۵۴۳۱، ج ۱۶، ص ۱۹۲)

انبیاء و رُسُل عَلَیْہِمُ الصَّلٰوۃُ وَالسَّلَام

سوال......: نبی کسے کہتے ہیں؟

جواب......: جس اِنسان کو **اللہ** عَزَّوَجَلَّ نے ہدایت کے لئے وحی بھیجی ہو اُسے نبی کہتے ہیں۔

سوال......: **اللہ** عَزَّوَجَلَّ نے سب سے پہلے کس نبی عَلَیْہِ السَّلَام کو پیدا فرمایا؟

جواب......: **اللہ** عَزَّوَجَلَّ نے سب سے پہلے حضرتِ سیِّدُنا آدم عَلَیْہِ السَّلَام کو پیدا فرمایا۔

سوال......: دنیا میں تشریف لانے والے آخری نبی عَلَیْہِ السَّلَام کون ہیں؟

جواب......: دنیا میں تشریف لانے والے سب سے آخری نبی ہمارے پیارے آقا حضرت محمد مصطفٰے صَلَّی اللّٰہُ تَعَالٰی عَلَیْہِ وَاٰلِہٖ وَسَلَّم ہیں۔

سوال ......: کیا ہمارے پیارے نبی صَلَّی اللہُ تَعَالٰی عَلَیْہِ وَاٰلِہٖ وَسَلَّم کے بعد کوئی نبی پیدا ہوسکتا ہے؟

جواب ......: جی نہیں! ہمارے پیارے نبی صَلَّی اللہُ تَعَالٰی عَلَیْہِ وَاٰلِہٖ وَسَلَّم کے بعد کوئی نبی پیدا نہیں ہوسکتا۔

سوال ......: اگر کوئی نبی ہونے کا جھوٹا دعویٰ کرے تو اسے کیا کہتے ہیں؟

جواب ......: اگر کوئی نبوت کا جھوٹا دعویٰ کرے تو اسے ''کذّاب'' کہتے ہیں؟

سوال ......: کیا تمام انبیائے کرام عَلَیْہِمُ الصَّلٰوۃُ وَالسَّلَام اپنی قبروں میں زندہ ہیں؟

جواب ......: جی ہاں۔

سوال ......: تمام نبیوں کے سردار کون ہیں؟

جواب ......: تمام نبیوں کے سردار ہمارے پیارے آقا حضرت محمد مصطفٰے صَلَّی اللہُ تَعَالٰی عَلَیْہِ وَاٰلِہٖ وَسَلَّم ہیں۔

سوال ......: اعلیٰ حضرت عَلَیْہِ رَحمَۃُ رَبِّ الْعِزَّت نے کنز الایمان میں نبی کے کیا معنی بیان کئے ہیں؟

جواب ......: ''غیب کی خبر دینے والا۔''

سوال ......: چند انبیائے کرام عَلَیْہِمُ الصَّلٰوۃُ وَالسَّلَام کے اسمائے مبارکہ بتائیے؟

جواب ......: حضرتِ سیِّدُنا آدم عَلَیْہِ السَّلَام — حضرتِ سیِّدُنا نوح عَلَیْہِ السَّلَام

حضرتِ سیِّدُنا موسیٰ عَلَیْہِ السَّلَام — حضرتِ سیِّدُنا عیسیٰ عَلَیْہِ السَّلَام

حضرتِ سیِّدُنا داوٗد عَلَیْہِ السَّلَام — حضرتِ سیِّدُنا سلیمان عَلَیْہِ السَّلَام

ہمارے پیارے آقا حضرت محمد مصطفٰے صَلَّی اللہُ تَعَالٰی عَلَیْہِ وَاٰلِہٖ وَسَلَّم

اَنبیائے کرام عَلَیۡہِمُ الصَّلٰوۃُ وَالسَّلَام کے مُعْجِزات

سوال......: مُعْجِزہ کسے کہتے ہیں؟

جواب......: اعلانِ نبوت کے بعد نبی سے خلافِ عادت ظاہر ہونے والی بات کو مُعْجِزہ کہتے ہیں۔

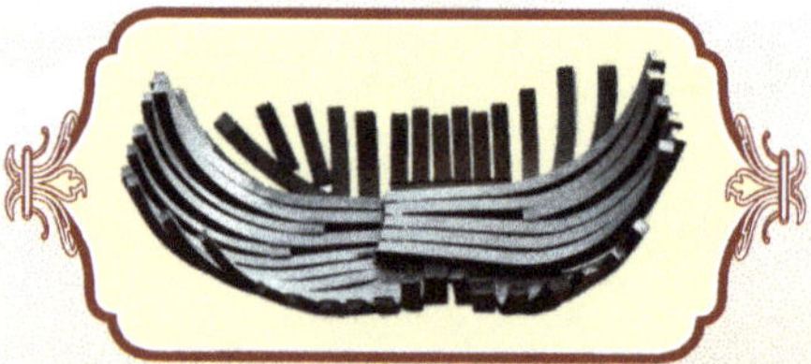

سوال......: کون سے نبی عَلَیۡہِ السَّلَام لوہے کو ہاتھ میں لیتے تو وہ موم کی طرح نرم ہوجاتا؟

جواب......: حضرت سیِّدُنا داؤد عَلَیۡہِ السَّلَام لوہے کو ہاتھ میں لیتے تو وہ موم کی طرح نرم ہوجاتا۔

سوال......: کس نبی عَلَیۡہِ السَّلَام کے عصا (یعنی لاٹھی) مارنے سے دریا کے درمیان راستہ بنا؟

جواب......: حضرت سیِّدُنا موسیٰ عَلَیۡہِ السَّلَام کے عصا مارنے سے دریا کے درمیان راستہ بن گیا۔

سوال......: کون سے نبی عَلَیۡہِ السَّلَام تین میل دور سے چیونٹی کی آواز سن کر مسکرائے؟

جواب......: حضرت سیِّدُنا سلیمان عَلَیۡہِ السَّلَام تین میل دور سے چیونٹی کی آواز سن کر مسکرائے۔

سوال......: وہ جنتی اونٹنی کس نبی عَلَیۡہِ السَّلَام کی تھی جو اپنی باری پر تالاب کا سارا پانی پی جاتی تھی؟

جواب......: وہ جنتی اونٹنی حضرت سیِّدُنا صالح عَلَیۡہِ السَّلَام کی تھی جو اپنی باری پر تالاب کا سارا پانی پی جاتی تھی۔

آسمانی کِتابیں

سوال......: آسمانی کتابیں کن کتابوں کو کہتے ہیں؟

جواب......: اللہ عَزَّوَجَلَّ کی نازل کی ہوئی کتابوں کو آسمانی کتابیں کہتے ہیں۔

سوال......: آسمانی کتابیں کن پر نازل ہوئیں؟

جواب......: آسمانی کتابیں انبیائے کرام عَلَیْہِمُ الصَّلٰوۃُ وَالسَّلَام پر نازل ہوئیں۔

سوال......: آسمانی کتابیں کیوں نازل کی گئیں؟

جواب......: آسمانی کتابیں انسانوں کی ہدایت اور رہنمائی کے لئے نازل ہوئیں۔

سوال......: مشہور آسمانی کتابیں کون سی ہیں؟

جواب......: {1}......توریت {2}......زبور

{3}......اِنجیل {4}......قرآن مجید

خُلقِ اِسلام

اسلام میں حیا کو بَہُت اَھَمِّیَّت (اَھَمْ۔مِیْ۔یَتْ) دی گئی ہے۔ چُنانچہ حدیث شریف میں ہے: بے شک ہر دین کا ایک خُلق ہے اور اسلام کا خُلق حیا ہے۔ (سُنَن ابن ماجہ ج ۴ ص ۴۶۰ حدیث ۴۱۸۱ دارُالمَعْرِفۃ بیروت) یعنی ہر اُمَّت کی کوئی نہ کوئی خاص خَصلت ہوتی ہے جو دیگر خصلتوں پر غالِب ہوتی ہے اور اسلام کی وہ خصلت حیا ہے۔

صَحابۂ کرام عَلَیْہِمُ الرِّضْوَان

سوال......: صَحابی کسے کہتے ہیں؟

جواب......: جس نے حضور نبیٔ اکرم صَلَّی اللہُ تَعَالٰی عَلَیْہِ وَاٰلِہٖ وَسَلَّم کو ایمان کی حالت میں دیکھا اور ایمان پر ہی اس کا خاتمہ ہوا اُسے صحابی کہتے ہیں۔

سوال......: خلفائے راشدین سے کون سے صحابۂ کرام مراد ہیں؟

جواب......: مَدَنی آقا صَلَّی اللہُ تَعَالٰی عَلَیْہِ وَاٰلِہٖ وَسَلَّم کے وصالِ ظاہری کے بعد بالترتیب جو پانچ صحابۂ کرام مسلمانوں کے امیر بنے انہیں ''خلفائے راشدین'' کہتے ہیں۔

سوال......: پانچ خلفائے راشدین کے نام بتایئے؟

جواب......: {1}......امیر المومنین حضرت سیِّدُنا ابوبکر صدیق رَضِیَ اللہُ تَعَالٰی عَنْہُ

{2}......امیر المومنین حضرت سیِّدُنا عمر فاروقِ اعظم رَضِیَ اللہُ تَعَالٰی عَنْہُ

{3}......امیر المومنین حضرت سیِّدُنا عثمان غنی رَضِیَ اللہُ تَعَالٰی عَنْہُ

{4}......امیر المومنین حضرت سیِّدُنا علی المرتضٰی کَرَّمَ اللہُ تَعَالٰی وَجْہَہُ الْکَرِیْم

{5}......امیر المومنین حضرت سیِّدُنا امام حسن مجتبٰی رَضِیَ اللہُ تَعَالٰی عَنْہُ

سوال:...... چند صحابۂ کرام رَضِیَ اللّٰہُ تَعَالٰی عَنْھُم کے نام بتایئے؟

جواب:...... چند صحابۂ کرام رَضِیَ اللّٰہُ تَعَالٰی عَنْھُم کے نام یہ ہیں:

{1}...... حضرت سیِّدُنا اِمام حسن رَضِیَ اللّٰہُ تَعَالٰی عَنْہ

{2}...... حضرت سیِّدُنا اِمام حسین رَضِیَ اللّٰہُ تَعَالٰی عَنْہ

{3}...... حضرت سیِّدُنا عبد اللہ بن عباس رَضِیَ اللّٰہُ تَعَالٰی عَنْھُمَا

{4}...... حضرت سیِّدُنا عبد اللہ بن عمر رَضِیَ اللّٰہُ تَعَالٰی عَنْھُمَا

{5}...... حضرت سیِّدُنا عبد اللہ بن مسعود رَضِیَ اللّٰہُ تَعَالٰی عَنْہ

{6}...... حضرت سیِّدُنا امیر معاویہ رَضِیَ اللّٰہُ تَعَالٰی عَنْہ

جنّت میں دَرَخت لگوائیے!

پیارے مدنی منو! وَقت کی اَہَمِّیَّت کا اس بات سے اندازہ لگایئے کہ اگر آپ چاہیں تو اس دنیا میں رہتے ہوئے صِرف ایک سیکنڈ میں جنّت کے اندر ایک دَرَخت لگوا سکتے ہیں اور جنّت میں دَرَخت لگوانے کا طریقہ بھی نہایت ہی آسان ہے۔ چُنانچہ ابنِ ماجہ شریف کی ایک حدیثِ پاک کے مطابِق ان چاروں کلمات میں سے جو بھی کلمہ کہیں جنّت میں ایک دَرَخت لگا دیا جائے گا۔ وہ کلمات یہ ہیں: (1) سُبْحٰنَ اللّٰہ (2) اَلْحَمْدُ لِلّٰہِ (3) لَا اِلٰہَ اِلَّا اللّٰہُ (4) اَللّٰہُ اَکْبَر

(سُنَن ابن ماجہ ج ۴ ص ۲۵۲ حدیث ۳۸۰۷ دارالمعرفۃ بیروت)

اَوْلِیائے کرام رَحِمَهُمُ اللّٰهُ السَّلَام

سوال...... : **وَلِیُّ اللّٰه** کس کو کہتے ہیں؟

جواب...... : اپنی خواہشات کو **اللّٰه** عَزَّوَجَلَّ اور اس کے رسولِ کریم صَلَّی اللّٰهُ تَعَالٰی عَلَیْهِ وَاٰلِهٖ وَسَلَّم کی محبت میں فنا کرنے اور ہمیشہ ان کی اطاعت وفرماں برداری کرنے والے مسلمان بندے کو **وَلِیُّ اللّٰه** کہتے ہیں۔

سوال...... : چند اَولیائے کرام رَحِمَهُمُ اللّٰهُ السَّلَام کے نام بتایئے اور یہ بھی بتایئے کہ ان کے مزارات کہاں ہیں؟

جواب...... : جنت کے 8 دروازوں کی نسبت سے 8 اولیائے عظام کے نام اور مزارات یہ ہیں:

﴿1﴾...... حضرت سیِّدُنا شیخ عبدالقادر جیلانی (حضور غوثِ اعظم) رَحْمَةُ اللّٰهِ تَعَالٰی عَلَیْه۔
ان کا مزارِ مقدس عراق کے شہر "**بَغْداد شریف**" میں ہے۔

﴿2﴾...... حضرت سیِّدُنا معین الدین چشتی (خواجہ غریب نواز) رَحْمَةُ اللّٰهِ تَعَالٰی عَلَیْه۔
ان کا مزار شریف ہند کے شہر "**اَجْمیر شریف**" میں ہے۔

﴿3﴾......حضرت سیّدُنا شیخ شہاب الدین سُہروَردی رَحمَۃُ اللّٰہِ تَعالٰی عَلَیْہ۔

ان کا مزار مبارک عراق کے شہر " بغداد شریف" میں ہے۔

﴿4﴾......حضرت سیّدُنا شیخ بہاؤالدین نقشبند رَحمَۃُ اللّٰہِ تَعالٰی عَلَیْہ۔

ان کا مزارِ مُقدّس ازبکستان کے شہر "بُخاریٰ" میں ہے۔

﴿5﴾......حضرت سیّدُنا علی ہَجویری (داتا گنج بخش) رَحمَۃُ اللّٰہِ تَعالٰی عَلَیْہ۔

ان کا مزارِ شریف پاکستان کے شہر مَرکزُالاولیاء "لاہور" میں ہے۔

﴿6﴾......حضرت سیّدُنا بہاؤالدین زکریا ملتانی رَحمَۃُ اللّٰہِ تَعالٰی عَلَیْہ۔

ان کا مزارِ مقدس پاکستان کے شہر مدینۃ الاولیاء "ملتان" میں ہے۔

﴿7﴾......حضرت سیّدُنا بابا فریدالدین گنج شکر رَحمَۃُ اللّٰہِ تَعالٰی عَلَیْہ۔

ان کا مزارِ مُقدّس پاکستان کے شہر "پاک پتن شریف" میں ہے۔

﴿8﴾......حضرت سیّدُنا امام اہلسنّت مولانا شاہ امام احمد رضا خان عَلَیْہِ رَحمَۃُ الرَّحمٰن۔

ان کا مزارِ پاک ہند کے شہر "بریلی شریف" میں ہے۔

پاکی وطہارت

فرمانِ مُصطَفٰے صَلَّی اللّٰہُ تَعالٰی عَلَیْہِ وَاٰلِہٖ وَسَلَّم: پاکیزگی نصف ایمان ہے۔

(صحیح مسلم، کتاب الطھارۃ، باب فضل الوضوء، الحدیث: ۲۲۳، ص ۱۴۰)

عبادات

وُضو

سوال......: وُضو کے فرائض کتنے اور کون کون سے ہیں؟

جواب......: وُضو کے چار فرائض ہیں اور وہ یہ ہیں:

لفظ ''**اللہ**'' کے چار حروف کی نسبت سے وُضو کے چار فرائض۔

{1}............ چہرہ دھونا

{2}............ کُہنیوں سمیت دونوں ہاتھ دھونا

{3}............ چوتھائی سر کا مسح کرنا

{4}............ ٹخنوں سمیت دونوں پاؤں دھونا [1]

[1]...... نماز کے احکام، ص ۱۴

سوال......: وُضو کرنے سے پہلے کیا پڑھنا چاہیے؟

جواب......: وُضو کرنے سے پہلے بِسۡمِ اللّٰهِ الرَّحۡمٰنِ الرَّحِيۡمِ پڑھنا سنت ہے۔

سوال......: وُضو کرنے سے پہلے بِسۡمِ اللّٰهِ وَالۡحَمۡدُ لِلّٰه پڑھنے کی کیا فضیلت ہے؟

جواب......: وُضو کرنے سے پہلے ''بِسۡمِ اللّٰهِ وَالۡحَمۡدُ لِلّٰه'' پڑھنے سے جب تک وُضو باقی رہے گا فرشتے نیکیاں لکھتے رہیں گے۔[1]

سوال......: دورانِ وُضو ﴿يَا قَادِرُ﴾ پڑھنے کی کیا فضیلت ہے؟

جواب......: جو شخص دورانِ وُضو ﴿يَا قَادِرُ﴾ پڑھے گا اس کو دُشمن اِغوا نہیں کر سکے گا۔

وضو سے گناہ جھڑتے ہیں

فرمانِ مُصطفٰے صَلَّی اللّٰہُ تَعَالٰی عَلَیۡہِ وَاٰلِہٖ وَسَلَّم

جب آدمی وضو کرتا ہے تو ہاتھ دھونے سے ہاتھوں کے اور چہرہ دھونے سے چہرے کے اور سر کا مسح کرنے سے سر کے اور پاؤں دھونے سے پاؤں کے گناہ جھڑتے ہیں۔

(المسند للامام احمد بن حنبل، الحدیث: ۴۱۵، ج ۱، ص ۱۳۰ ملتقطاً)

---

[1] ......مجمع الزوائد، کتاب الطھارۃ، الحدیث: ۱۱۲، ج ۱، ص ۵۱۳

نَماز

سوال......: کیا مَدَنی مُنّوں کو بھی نماز پڑھنی چاہیے؟

جواب......: جی ہاں! مَدَنی منوں کو بھی نماز پڑھنی چاہیے۔

سوال......: نماز کی کتنی شرائط ہیں؟

جواب......: نماز کی 6 شرائط ہیں۔

سوال......: نماز کے کتنے فرائض ہیں؟

جواب......: نماز کے 7 فرائض ہیں۔

سوال......: فجر کی نماز میں کتنی رکعتیں ہیں اور کون کون سی ہیں؟

جواب......: فجر کی نماز میں 4 رکعتیں ہیں: دو سُنَّتِ مُؤَکَّدہ...... دو فرض۔

سوال......: ظہر کی نماز میں کتنی رکعتیں ہیں اور کون کون سی ہیں؟

جواب......: ظہر کی نماز میں 12 رکعتیں ہیں: چار سُنَّتِ مُؤَکَّدہ...... چار فرض...... دو سُنَّتِ مُؤَکَّدہ...... دو نفل۔

سوال......: عصر کی نماز میں کتنی رکعتیں ہیں اور کون کون سی ہیں؟

جواب......: عصر کی نماز میں 8 رکعتیں ہیں: چار سُنَّتِ غیر مُؤَکَّدہ...... چار فرض۔

سوال......: مغرب کی نماز میں کتنی رکعتیں ہیں اور کون کون سی ہیں؟

جواب......: مغرب کی نماز میں 7 رکعتیں ہیں: تین فرض...... دو سُنَّتِ مُؤَکَّدہ...... دو نفل۔

سوال......: عشاء کی نماز میں کتنی رکعتیں ہیں اور کون کون سی ہیں؟

جواب......: عشاء کی نماز میں 17 رکعتیں ہیں: چار سُنَّتِ غیر مُؤَکَّدہ...... چار فرض...... دو سُنَّتِ مُؤَکَّدہ...... دو نفل...... تین وتر واجب...... دو نفل۔

اچھی اچھی نِیَّتیں

"تِلاوت کی نیتیں" کے 12 حروف کی نسبت سے تلاوتِ قرآنِ کریم کی 12 اچھی نیتیں

{1}...... اللہ عَزَّوَجَلَّ کی رِضا اور ثواب کی نیت سے قرآنِ پاک کی تعلیم حاصل کروں گا۔

{2}...... مَدَنی قاعِدے اور قرآنِ مجید کا اَدَب واِحترام کروں گا۔

{3}...... حکمِ قرآنی پر عمل کرتے ہوئے مَدَنی قاعِدے میں آیاتِ قرآنی اور قرآنِ پاک کو باوضو چھوؤں گا۔

{4}...... مَدَنی قاعِدے اور قرآنِ پاک کو تعظیم کی نیت سے بوسہ دوں گا۔

{5}...... گھر میں بھی تِلاوت کا معمول بناؤں گا۔

{6}...... اللہ عَزَّوَجَلَّ کی رِضا کے لئے ساری زندگی ٹھہر ٹھہر کر دُرست مخارِج کے ساتھ قرآنِ پاک کی تِلاوت کروں گا۔

{7}...... مَدَنی قاعِدے اور قرآنِ پاک کی تِلاوت کا ثواب اپنے مُرشِدِ کریم، اَساتِذہ، والِدَین اور پیارے آقا صَلَّی اللہُ تَعَالٰی عَلَیْہِ وَاٰلِہٖ وَسَلَّم کی پیاری اُمت کو اِیصال کروں گا۔

{8}...... قرآنِ کریم کے احکامات پر زندگی بھر عمل کروں گا۔

{9}...... مَدَنی قاعِدے اور قرآنِ پاک پر غیر ضروری نِشانات نہیں لگاؤں گا۔

{10}...... مَدَنی قاعِدے اور قرآنِ پاک کو شہید ہونے سے بچاؤں گا۔

{11}...... مَدَنی قاعِدے اور قرآنِ پاک کو دُھول مٹی سے بچانے کے لئے جزدان میں رکھوں گا۔

{12}...... (نگاہیں نیچی رکھنے والی سنت پر عمل کرتے ہوئے) دورانِ تِلاوت اِدھر اُدھر دیکھنے سے بچوں گا۔ اِنْ شَآءَ اللہ عَزَّوَجَلَّ

حصولِ علم سے گناہ جھڑتے ہیں

فرمانِ مُصطَفٰے صَلَّی اللہُ تَعَالٰی عَلَیْہِ وَاٰلِہٖ وَسَلَّم: جو بندہ علم کی جستجو میں جوتے یا موزے یا کپڑے پہنتا ہے، اپنے گھر کی چوکھٹ سے نکلتے ہی اس کے گناہ معاف کردیئے جاتے ہیں۔
(المعجم الاوسط، الحدیث: ۵۷۲۲، ج۴، ص ۲۰۴)

مَدینہ مَدینہ ہمارا مَدینہ[1]

مَدینہ مَدینہ ہمارا مَدینہ
ہمیں جان و دل سے ہے پیارا مَدینہ

سُہانا سُہانا دل آرا مَدینہ
دِوانوں کی آنکھوں کا تارا مَدینہ

یہ ہر عاشقِ مصطفٰی کہہ رہا ہے
ہمیں تو ہے جنّت سے پیارا مَدینہ

وہاں پیارا کعبہ یہاں سبز گنبد
وہ مکہ بھی میٹھا تو پیارا مَدینہ

بُلا لیجئے اَپنے قدموں میں آقا
دِکھا دیجئے اَب تو پیارا مَدینہ

پھروں گِردِ کعبہ پیوں آبِ زَم زَم
میں پھر آ کے دیکھوں تمہارا مَدینہ

خدا گر قیامت میں فرمائے مانگو
لگائیں گے دیوانے نعرہ مَدینہ

مَدینے میں آقا ہمیں موت آئے
بنے کاش! مَدفن ہمارا مَدینہ

ضِیا پیر و مرشِد کے صَدقے میں آقا
یہ عطّار آئے دوبارہ مَدینہ

[1] ……وسائلِ بخشش، ص۱۸۷

مدنی پھول

فَرمانِ مُصطَفٰے صَلَّی اللّٰہُ تَعَالٰی عَلَیْہِ وَاٰلِہٖ وَسَلَّم:

جس نے میری سنت سے محبت کی اس نے مجھ سے محبت کی اور جس نے مجھ سے محبت کی وہ جنت میں میرے ساتھ ہوگا۔ ①

سَلام کرنے کے مَدَنی پھول

- ہر مُسلمان کو سَلام کرنا چاہیے۔
- مسلمان سلام کرے تو اس کا جواب دیجئے۔
- سلام کے بہترین الفاظ یہ ہیں:

اَلسَّلَامُ عَلَیْکُمْ وَرَحْمَۃُ اللّٰہِ وَبَرَکَاتُہ

- سلام کے جواب کے بہترین الفاظ یہ ہیں:

وَعَلَیْکُمُ السَّلَامُ وَرَحْمَۃُ اللّٰہِ وَبَرَکَاتُہ

- سلام میں پہل کرنے والے پر 90 اور جواب دینے والے پر 10 رحمتیں نازل ہوتی ہیں۔ ②
- سَلام بُلند آواز سے کرنا چاہیے۔
- سلام کا جواب فوراً دینا واجب ہے۔

① ……مشکوۃ المصابیح، الحدیث: ۱۷۵، ج ۱، ص ۵۵

② ……الجامع الصغیر، الحدیث: ۴۸۷، ملخصاً

- سلام میں پہل کرنا سُنّت مبارکہ ہے۔
- چھوٹا بڑے کو سلام کرے۔
- گھر میں آتے جاتے سلام کرنا سنت ہے۔
- جب جب ملاقات ہو سلام کرنا چاہیے۔

پانی پینے کے مَدَنی پھول

- پانی بیٹھ کر پینا چاہیے۔
- پانی اُجالے میں دیکھ کر پینا چاہیے۔
- پانی سیدھے ہاتھ سے پینا چاہیے۔
- پانی سر ڈھانپ کر پینا چاہیے۔
- پانی "بِسۡمِ اللّٰہِ الرَّحۡمٰنِ الرَّحِیۡمِ" پڑھ کر پینا چاہیے۔
- پانی پینے کے بعد "اَلۡحَمۡدُ لِلّٰہِ رَبِّ الۡعٰلَمِیۡنَ" پڑھنا چاہیے۔
- پانی تین سانس میں پینا چاہیے۔
- پانی دونوں ہونٹ ملا کر آہستہ آہستہ پینا چاہیے۔
- پانی پیتے ہوئے ٹپکنے اور گرنے سے بچانا چاہیے۔
- بچا ہوا پانی نہیں پھینکنا چاہیے۔

کھانا کھانے کے مَدَنی پُھول

- کھانے سے پہلے اور بعد دونوں ہاتھ پہنچوں تک دھونا سنت ہے [1] اور کلیاں کر کے منہ کا اگلا حصہ بھی دھو لیجئے۔
- کھانا سُنّت کے مُطابِق بیٹھ کر کھانا چاہیے۔ ایک سُنّت یہ ہے کہ ''سیدھا گھٹنا کھڑا کریں اور الٹا پاؤں بچھا کر اُس پر بیٹھ جائیں۔'' [2]
- کھانا دائیں ہاتھ کی تین انگلیوں (انگوٹھا، شہادت کی انگلی اور بیچ والی انگلی) سے کھانا چاہیے۔ [3]
- کھانے سے پہلے ''بِسۡمِ اللّٰہِ الرَّحۡمٰنِ الرَّحِیۡمِ'' پڑھنا سُنّت ہے۔ [4]
- کھانا چھوٹے چھوٹے نوالے بنا کر اچھی طرح چبا کر کھانا چاہیے۔
- کھانے کے بعد برتن اچھی طرح صاف کر لیجئے۔
- کھانے کے بعد ''اَلۡحَمۡدُ لِلّٰہِ رَبِّ الۡعٰلَمِیۡنَ'' کہنا چاہیے۔
- اگر شروع میں بِسۡمِ اللّٰہ یا دُعا پڑھنا بھول جائیں تو یاد آنے پر یہ دُعا پڑھیں:

بِسۡمِ اللّٰہِ اَوَّلَہٗ وَاٰخِرَہٗ [5]

- روٹی بائیں ہاتھ میں لے کر دائیں ہاتھ سے توڑیئے۔

---

[1] ……سنن ابن ماجه، كتاب الاطعمه، باب الوضوعند الطعام، الحديث: ۳۲۶۰، ج ۴، ص ۹

[2] ……بہارِ شریعت، حصہ ۱۶، ص ۲۱

[3] ……مرقاة، كتاب الاطعمه، ج ۸، ص ۸

[4] ……صحيح مسلم، كتاب الاشربة، باب اداب الطعام . . . الخ، الحديث: ۲۰۱۷، ص ۱۱۱۶

[5] ……سنن ابی داود، كتاب الاطعمة، باب التسمية على الاطعام، الحديث: ۳۷۶۷، ج ۳، ص ۴۸۷

- کھانا ضرورت سے زیادہ نہ لیجئے اور گرنے سے بچائیے۔
- روٹی کے ٹکڑے یا چاول کے دانے گر جائیں تو اٹھا کر کھالیجئے کہ مغفرت کی بشارت ہے۔
- کھانا کھانے کے بعد ہاتھ دھو کر اچھی طرح پونچھ لیجئے۔

چھینک کے مَدَنی پھول

- چھینکتے وقت سر جھکائیے اور مُنہ چھپائیے اور آواز آہستہ نکالئے۔
- چھینک آنے پر "اَلْحَمْدُ لِلّٰہ" کہنا سُنّت ہے۔
- سننے والے پر واجب ہے کہ جواب میں "یَرْحَمُکَ اللّٰہ" کہے۔
- جواب سن کر چھینکنے والا کہے "یَغْفِرُ اللّٰہُ لَنَا وَلَکُمْ"۔

جماھی کے مدنی پھول

- حدیثِ پاک میں ہے کہ "جب کوئی جماہی لیتا ہے تو شیطان ہنستا ہے۔" [1]
- جماہی شیطان کی طرف سے ہے، جہاں تک ہو سکے اسے روکنا چاہیے۔ [2]

---

[1] ……صحیح البخاری، کتاب الادب، الحدیث: ۶۲۲۶، ج ۴، ص ۱۶۳

[2] ……المرجع السابق

- جماہی آنے لگے تو بائیں ہاتھ کی پشت مُنہ پر رکھنی چاہیے۔
- جماہی روکنے کا مجرب طریقہ یہ ہے کہ دل میں خیال کرے کہ انبیائے کرام عَلَیْہِمُ الصَّلٰوۃُ وَالسَّلَام کو جماہی نہیں آتی تھی۔ [1]

ناخن کاٹنے کے مَدَنی پُھول

- لمبے ناخن شیطان کی نِشَست گاہ ہیں یعنی ان پر شیطان بیٹھتا ہے۔ [2]
- دانت سے ناخن تراشنا مکروہ ہے اور برص کا باعث ہے۔ [3]
- پہلے دائیں ہاتھ کی شہادت کی انگلی سے شروع کر کے ترتیب وار چھنگلیا یعنی چھوٹی انگلی سمیت ناخن کاٹیں مگر انگوٹھا چھوڑ دیں۔
- پھر اُلٹے ہاتھ کی چھنگلیا سے شروع کر کے ترتیب وار انگوٹھے سمیت ناخن کاٹیں۔
- آخر میں سیدھے ہاتھ کے انگوٹھے کا ناخن کاٹیں۔

---

[1] ……بہارشریعت، حصہ سوم، ج ۱، ص ۵۳۸

[2] ……کیمائے سعادت، ج ۱، ص ۱۶۸

[3] ……ردالمحتار، کتاب الحظر والاباحۃ، فصل فی البیع، ج ۹، ص ۶۶۸

اَخلاقیات

اچھے اور بُرے کام

- والدین اور بڑوں کے ساتھ ہمیشہ اَدب واِحترام سے پیش آنا چاہیے۔
- والدین سے اُونچی آواز میں بات کرنا بے اَدَبی ہے۔
- جب والدین آئیں تو اُن کے اَدَب میں کھڑا ہو جانا چاہیے۔
- دِن میں کم اَز کم ایک مرتبہ والد صاحب کے ہاتھ اور والدہ صاحبہ کے پاؤں چومنا چاہیے۔
- والدین کا کہا ہوا ہر جائز کام خوش دِلی سے کرنا چاہیے۔
- ہر نماز کے بعد والدین، پیرو مرشد اور اُستاذ صاحب کے لئے اچھی اچھی دُعائیں کیجئے۔
- جھوٹ بولنا بہُت بڑا گناہ ہے۔
- گالی دینا ناجائز و گناہ ہے۔
- چوری کرنا بھی بہُت بڑا گناہ ہے۔
- کسی مسلمان کو تکلیف دِینا گناہ ہے۔
- مَسْجِد میں شور مچانا اور ہنسنا منع ہے۔
- غیبت حرام اور جہنم میں لے جانے والا کام ہے۔
- چُغَل خور جنت میں نہیں جائے گا۔
- جو چپ رہا اس نے نجات پائی۔

مَدَنی مَاہ

اِسلامی مہینوں کے نام

سوال...: مدنی مَاہ (اِسلامی مہینے) کتنے اور کون کون سے ہیں؟

جواب...: مدنی مَاہ (اِسلامی مہینے) بارہ ہیں اور وہ یہ ہیں:

{1}......مُحَرَّمُ الْحَرَام

{2}......صَفَرُ الْمُظَفَّر

{3}......رَبِیْعُ الْاَوَّل (ربیع النور)

{4}......رَبِیْعُ الْاٰخِر (ربیع الغوث)

{5}......جُمَادَی الْاُوْلٰی

{6}......جُمَادَی الْاُخْرٰی

{7}......رَجَبُ الْمُرَجَّبْ

{8}......شَعْبَانُ الْمُعَظَّم

{9}......رَمَضَانُ الْمُبَارَک

{10}......شَوَّالُ الْمُکَرَّم

{11}......ذُوالْقَعْدَةِ الْحَرَام

{12}......ذُوالْحِجَّةِ الْحَرَام

دعوتِ اسلامی

بنیادی معلومات

دعوتِ اسلامی کا عالمی مَدَنی مرکز فیضانِ مدینہ بابُ المدینہ کراچی

سوال......: تبلیغِ قرآن وسنت کی عالمگیر غیر سیاسی تحریک کا نام بتائیے؟

جواب......: ''دعوتِ اسلامی''

سوال......: دعوتِ اسلامی کے بانی کا نام بتائیے؟

جواب......: اَمیرِ اہلسنّت حضرت علامہ مولانا ابوبلال محمد الیاس عطّار قادِری رضوی دَامَتْ بَرَکَاتُہُمُ الْعَالِیَہ۔

سوال......: دعوتِ اسلامی کا مَدَنی مقصد کیا ہے؟

جواب......: دعوتِ اسلامی کا مَدَنی مقصد یہ ہے:

''مجھے اپنی اور ساری دنیا کے لوگوں کی اصلاح کی کوشش کرنی ہے۔'' اِنْ شَآءَ اللّٰہ عَزَّوَجَلَّ

سوال......: دعوتِ اسلامی کے عالمی مَدَنی مرکز کا نام کیا ہے اور یہ کہاں واقع ہے؟

جواب......: دعوتِ اسلامی کے عالمی مَدَنی مرکز کا نام ''فیضانِ مدینہ'' ہے اور یہ باب المدینہ (کراچی) میں واقع ہے۔

سوال......: قرآن وحدیث کے بعد اردو میں پڑھی جانے والی اسلامی کتابوں میں سب سے زیادہ پڑھی جانے والی کتاب کونسی ہے؟

جواب......: ایک اندازے کے مطابق قرآن وحدیث کے بعد اردو میں پڑھی جانے والی اسلامی کتابوں میں سب سے زیادہ پڑھی جانے والی کتاب ''فیضانِ سنّت'' ہے۔ اَلْحَمْدُ لِلّٰہِ عَزَّوَجَلَّ اس کی مقبولیت کے سبب انگلش، ہندی، گجراتی، سندھی اور بنگلہ زبان میں اس کا ترجمہ ہو چکا ہے۔

سوال......: کتاب ''فیضانِ سنّت'' کے مُؤلّف کا نام بتائیے؟

جواب......: شیخِ طریقت امیرِ اہلسنّت بانیٔ دعوتِ اسلامی حضرت علامہ مولانا ابو بلال محمد الیاس عطّار قادری رضوی دَامَتْ بَرَکَاتُہُمُ الْعَالِیَہ۔

مَنقبت عطّار

عطّاری ہوں عطّاری

تیرا کرم ہے ذاتِ باری عَطّاری ہوں عَطّاری
نسبت کیا ہے پیاری پیاری عَطّاری ہوں عَطّاری

آقا دے دو بے قراری عَطّاری ہوں عَطّاری
کرتا رہوں میں اشکباری عَطّاری ہوں عَطّاری

آقا سن لو عَرض ہماری عَطّاری ہوں عَطّاری
پوری کروں میں ذمہ داری عَطّاری ہوں عَطّاری

آقا تیرے صدقے واری عَطّاری ہوں عَطّاری
نازاں ہوں نسبت پہ تمہاری عَطّاری ہوں عَطّاری

میں ہوں ضیائی میں ہوں رضوی سگ ہوں غوثِ پاک کا
قادری ہوں قادری عَطّاری ہوں عَطّاری

درس و بیاں سے کیوں گھبراؤں کیسا ڈر کیا خوف ہو
کیوں ہو کسی کا رعب طاری عَطّاری ہوں عَطّاری

دیتا رہوں نیکی کی دعوت چاہتا ہوں استقامت
گزرے یوں ہی عُمر ساری عَطّاری ہوں عَطّاری

پیارے آقا بخشوانا نارِ دوزخ سے بچانا
عصیاں کا ہے بوجھ بھاری عَطّاری ہوں عَطّاری

میں بھی دیکھوں مکہ مدینہ مرشد تیری آنکھوں سے
کب آئے گی میری باری عَطّاری ہوں عَطّاری

روضۂ اقدس منبرِ نور میں بھی دیکھوں کاش! حُضُور
پیاری دکھا جنّت کی کیاری عَطّاری ہوں عَطّاری

میٹھے مرشِد میٹھا حرم ہو مولا اب تو ایسا کرم ہو
حسرت نکلے پھر تو ہماری عَطّاری ہوں عَطّاری

میرے باپا میرے داتا بھر دو میرا بھی تم کاسہ
فیض تیرا ہے جگ پہ جاری عَطّاری ہوں عَطّاری

دیدو مرشد قفلِ مدینہ باپا عطا ہو فکرِ مدینہ
میں ہوں منگتا میں ہوں بھکاری عَطّاری ہوں عَطّاری

شکریہ

فرمانِ مُصطَفٰے صَلَّی اللّٰہُ تَعَالٰی عَلَیْہِ وَاٰلِہٖ وَسَلَّم: جس نے لوگوں کا شکریہ ادا نہیں کیا اس نے اللہ عَزَّوَجَلَّ کا شکرادا نہیں کیا۔ (سنن الترمذي، کتاب البرّ والصلة، باب ماجاء في الشکر... إلخ، الحدیث: ۱۹۶۲، ج۳، ص ۳۸۴)

اَوراد و وَظائف

﴾1﴿......تَسبِیحِ فاطِمَہ:

ہر نماز کے بعد 33 بار ﴿سُبْحٰنَ اللّٰہِ﴾ 33 بار ﴿اَلْحَمْدُ لِلّٰہِ﴾ اور
34 بار ﴿اَللّٰہُ اَکْبَرُ﴾ پڑھیں۔

﴾2﴿......یَا سَلَامُ:

111 بار پڑھ کر بیمار پر دم کرنے سے اِنْ شَآءَ اللّٰہ عَزَّوَجَلَّ شفا حاصل ہوگی۔

﴾3﴿......یَا وَهَّابُ:

جو روزانہ سات بار پڑھے گا اس کی ہر دُعا قبول ہوگی۔

﴾4﴿......یَا عَظِیمُ:

سات بار پڑھ کر پانی پر دَم کر کے پینے سے پیٹ کا دَرد ختم ہو جاتا ہے۔

﴿5﴾......**یَا مُجِیْبُ:**

تین بار پڑھ کر دَم کریں، اِنْ شَآءَ اللہ عَزَّوَجَلَّ دَرْدِ سر دور ہوگا۔

﴿6﴾......**یَا قَوِیُّ:**

پانچوں نمازوں کے بعد سیدھا ہاتھ سر پر رکھ کر گیارہ مرتبہ پڑھیں قوتِ حافظہ مضبوط ہوگی۔

دُرُود شریف

صَلَّی اللّٰہُ عَلٰی مُحَمَّد ①

جو یہ دُرُود پاک پڑھتا ہے اس پر رحمت کے 70 دروازے کھول دیئے جاتے ہیں۔

اَللّٰھُمَّ اَنْزِلْهُ الْمَقْعَدَ الْمُقَرَّبَ عِنْدَكَ یَوْمَ الْقِیَامَةِ

فرمانِ مُصطَفٰے صَلَّی اللّٰہُ تَعَالٰی عَلَیْہِ وَاٰلِہٖ وَسَلَّم:

جس نے یہ دُرُود پاک پڑھا اس کے لئے میری شفاعت واجب ہوگئی۔ ②

---

① ...... القول البدیع، ص ۲۷۷

② ...... مجمع الزوائد، الحدیث: ۱۷۳۰۴، ج ۱۰، ص ۲۵۴ ...... المسند للامام احمد بن حنبل، الحدیث: ۱۶۹۸۸، ج ۶، ص ۴۶

منقبت غوث اعظم

اَسیروں کے مشکل کُشا غوثِ اعظم[1]

مزار مبارک حضور غوثِ پاک شیخ عبدالقادر جیلانی

اسیروں کے مشکل کشا غوثِ اعظم
فقیروں کے حاجت روا غوثِ اعظم
گھرا ہے بلاؤں میں بندہ تمہارا
مدد کے لئے آؤ یا غوثِ اعظم

ترے ہاتھ میں ہاتھ میں نے دیا ہے
ترے ہاتھ ہے لاج یا غوثِ اعظم
مُرِیدوں کو خطرہ نہیں بحرِ غم سے
کہ بیڑے کے ہیں ناخُدا غوثِ اعظم

زمانے کے دکھ درد کی رنج و غم کی
ترے ہاتھ میں ہے دوا غوثِ اعظم
نکالا ہے پہلے تو ڈوبے ہوؤں کو
اور اب ڈوبتوں کو بچا غوثِ اعظم

مری مشکلوں کو بھی آسان کیجے
کہ ہیں آپ مشکل کشا غوثِ اعظم
کھلا دے جو مرجھائی کلیاں دلوں کی
چلا کوئی ایسی ہوا غوثِ اعظم

کہے کس سے جا کر حسنؔ اپنے دل کی
سنے کون تیرے سوا غوثِ اعظم

[1]......ذوقِ نعت، ص ۱۲۴۔۱۲۸

مُناجات

مَحبّت میں اپنی گُما یا الٰہی عَزَّوَجَلَّ [1]

محبت میں اپنی گما یاالٰہی
نہ پاؤں میں اپنا پتا یاالٰہی
رہوں مست و بے خود میں تیری وِلا میں
پلا جام ایسا پلا یاالٰہی
میں بے کار باتوں سے بچ کر ہمیشہ
کروں تیری حمد و ثنا یاالٰہی
مرے اشک بہتے رہیں کاش ہر دم
ترے خوف سے یاخدا یاالٰہی
گناہوں نے میری کمر توڑ ڈالی
مرا حشر میں ہوگا کیا یاالٰہی
بنا دے مجھے نیک نیکوں کا صدقہ
گناہوں سے ہر دم بچا یاالٰہی
مرا ہر عمل بس ترے واسطے ہو
کر اخلاص ایسا عطا یاالٰہی
عبادت میں گزرے مری زندگانی
کرم ہو کرم یا خدا یاالٰہی
مسلماں ہے عطّار تیری عطا سے
ہو ایمان پر خاتمہ یاالٰہی

[1] ……وسائل بخشش، ص ۴۵

صلوٰۃ وسلام

مُصطَفٰے جانِ رحمت پہ لاکھوں سلام[1]

مصطفٰے جانِ رحمت پہ لاکھوں سلام
شمعِ بزمِ ہدایت پہ لاکھوں سلام

ہم غریبوں کے آقا پہ بے حد درود
ہم فقیروں کی ثروت پہ لاکھوں سلام

دور و نزدیک کے سننے والے وہ کان
کانِ لعلِ کرامت پہ لاکھوں سلام

جس کے ماتھے شَفاعت کا سہرا رہا
اُس جَبینِ سعادت پہ لاکھوں سلام

جس کے سجدے کو محرابِ کعبہ جُھکی
اُن بھنووں کی لطافت پہ لاکھوں سلام

جس طرف اُٹھ گئی دَم میں دَم آ گیا
اُس نگاہِ عنایت پہ لاکھوں سلام

پتلی پتلی گلِ قُدس کی پتیاں
اُن لبوں کی نزاکت پہ لاکھوں سلام

---

[1]……حدائق بخشش، ص ۲۱۱_۲۲۹

جس کی تسکیں سے روتے ہوئے ہنس پڑے
اُس تبسُّم کی عادت پہ لاکھوں سلام

❁…❁…❁

کل جہاں ملک اور جَو کی روٹی غِذا
اس شِکَم کی قناعت پہ لاکھوں سلام

❁…❁…❁

جس سُہانی گھڑی چمکا طیبہ کا چاند
اُس دِل اَفروز ساعت پہ لاکھوں سلام

❁…❁…❁

غوثِ اعظم اِمامُ التُّقٰی وَ النُّقٰی
جلوۂ شانِ قدرت پہ لاکھوں سلام

❁…❁…❁

کاش محشر میں جب اُن کی آمد ہو اور
بھیجیں سب اُن کی شوکت پہ لاکھوں سلام

❁…❁…❁

مجھ سے خدمت کے قُدسی کہیں ہاں رضاؔ
مصطفٰے جانِ رحمت پہ لاکھوں سلام

❁…❁…❁

فیض سے جن کے لاکھوں عمامے سجے — میرے شیخِ طریقت پہ لاکھوں سلام
جس نے نیکی کی دَعوت کا جذبہ دیا — اُس اَمیرِ اہلسنّت پہ لاکھوں سلام

دُعا کے آداب

- دُعا سے پہلے اللہ عَزَّوَجَلَّ کی حمد وثنا (تعریف) بیان کرنی چاہیے۔

جیسے: اَلْحَمْدُ لِلّٰهِ رَبِّ الْعٰلَمِیْنَ

- دُعا کے شروع اور آخر میں دُرُودِ پاک پڑھنے سے دُعا قبول ہوتی ہے۔

جیسے: اَلصَّلٰوةُ وَالسَّلَامُ عَلَيْكَ يَا رَسُوْلَ الله وَعَلٰى اٰلِكَ وَاَصْحٰبِكَ يَا حَبِيْبَ الله

- دُعا کرتے وقت نگاہیں نیچی رکھنی چاہئیں۔
- دُعا کرتے وقت اِدھر اُدھر دیکھنے سے نظر کمزور ہونے کا اَندیشہ ہے۔
- دُعا میں دونوں ہاتھ اِس طرح اُٹھائیں کہ سینے کی سیدھ میں رہیں۔
- دُعا کرتے وقت ہتھیلیوں کا رُخ آسمان کی طرف ہونا چاہیے۔

دُعائے ماثورہ

اَللّٰھُمَّ رَبَّنَآ اٰتِنَا فِی الدُّنْیَا حَسَنَةً وَّ فِی الْاٰخِرَةِ حَسَنَةً وَّ قِنَا عَذَابَ النَّارِ ط

تَرجَمہ: اے ربّ ہمارے ہمیں دنیا میں بھلائی دے اور ہمیں آخرت میں بھلائی دے اور ہمیں عذابِ دوزخ سے بچا۔

اَللّٰھُمَّ رَبِّ زِدْنِیْ عِلْمًا ط

تَرجَمہ: اے میرے رب مجھے علم زیادہ دے۔

تھوڑے احسان کا شکریہ

فرمانِ مُصطَفٰے صَلَّی اللہُ تَعَالٰی عَلَیْہِ وَاٰلِہٖ وَسَلَّم

جس نے تھوڑے احسان کا شکریہ ادا نہیں کیا اس نے زیادہ کا بھی شکر نہیں کیا۔

(المسند للامام احمد بن حنبل، الحدیث: ۱۸۴۷۷، ج۶، ص ۳۹۴)

ماخذ و مراجع

(1)...... **قرآن مجید:** کلام باری تعالیٰ، ضیاء القران پبلی کیشنز لاہور

(2)...... **صحیح البخاری:** امام محمد اسماعیل بخاری متوفی ۲۵۶ھ، دار الکتب العلمیۃ بیروت

(3)...... **صحیح مسلم:** امام مسلم بن حجاج بن مسلم القشیری متوفی ۲۶۱ھ، دار ابن حزم بیروت

(4)...... **سنن ابی داود:** امام ابو داود سلیمان بن اشعث متوفی ۲۷۵ھ، دار احیاء الثرات العربی

(5)...... **سنن ابن ماجہ:** امام ابو عبد اللہ محمد بن یزید القزوینی متوفی ۲۷۳ھ، دار الفکر بیروت

(6)...... **المسند للامام احمد بن حنبل:**

(7)...... **الجامع الصغیر:** امام جلال الدین سیوطی متوفی ۹۱۱ھ، دار الکتب العلمیہ بیروت

(8)...... **مجمع الزوائد:** حافظ نور الدین علی بن ابوبکر ہیثمی متوفی ۸۰۷ھ، دار الفکر بیروت

(9)...... **مشکوۃ المصابیح:** الشیخ محمد بن عبد اللہ الخطیب التبریزی متوفی ۷۴۱ھ، دار الکتب العلمیہ بیروت

(10)...... **مرقاۃ المفاتیح:** الامام الشیخ علی بن سلطان محمد القاری ۱۰۱۴ھ، دار الفکر بیروت

(11)...... **کیمیائے سعادت:** امام محمد بن احمد الغزالی متوفی ۵۰۵ھ،

(12)...... **القول البدیع:** حافظ محمد بن عبد الرحمن السخاوی متوفی ۹۰۲ھ، مؤسسۃ الریان

(13)...... **رد المحتار:** علامہ ابن عابدین الشامی متوفی ۱۲۵۲ھ، دار المعرفہ بیروت

(14)...... **بہار شریعت:** صدر الشریعہ مفتی امجد علی اعظمی متوفی ۱۳۶۷ھ، ضیاء القرآن پبلی کیشنز لاہور

(15)...... **نماز کے احکام:** امیر اہلسنت حضرت علامہ مولانا محمد الیاس عطار قادری، مکتبۃ المدینہ باب المدینہ کراچی

(16)...... **حدائق بخشش:** اعلحضرت امام احمد رضا خان متوفی ۱۳۴۰ھ، مکتبۃ المدینہ باب المدینہ کراچی

(17)...... **وسائل بخشش:** امیر اہلسنت حضرت علامہ مولانا محمد الیاس عطار قادری، مکتبۃ المدینہ باب المدینہ کراچی

(18)...... **ذوقِ نعت:** مولانا حسن رضا خان

''بسم اللہ'' شریف کی برکات وفوائد

دعوتِ اسلامی کے اشاعتی ادارے **مکتبۃ المدینہ** کی مطبوعہ 1548 صَفحات پر مشتمل کتاب، ''فیضانِ سنّت'' صَفحہ 134 تا 135 پر شیخِ طریقت، امیرِ اہلسنّت، بانیٔ دعوتِ اسلامی حضرت علامہ مولانا ابو بلال محمد الیاس عطّار قادری دَامَتْ بَرَکَاتُہُمُ الْعَالِیَہ فرماتے ہیں:

...... جو کوئی سوتے وقت **بِسۡمِ اللّٰہِ الرَّحۡمٰنِ الرَّحِیۡمِ** 21 بار (اول آخر ایک بار درود شریف) پڑھ لے **اِنۡ شَآءَ اللّٰہ** عَزَّوَجَلَّ اس رات شیطان، چوری، اچانک موت اور ہر طرح کی آفت و بلا سے محفوظ رہے۔

...... جو کسی ظالم کے سامنے **بِسۡمِ اللّٰہِ الرَّحۡمٰنِ الرَّحِیۡمِ** 50 بار (اول آخر ایک بار درود شریف) پڑھے اس ظالم کے دل میں پڑھنے والے کی ہیبت پیدا ہو اور اُس کے شر سے بچا رہے۔

...... جو شخص طلوعِ آفتاب کے وقت سورج کی طرف رخ کر کے **بِسۡمِ اللّٰہِ الرَّحۡمٰنِ الرَّحِیۡمِ** 300 بار اور (کوئی بھی) درود شریف 300 بار پڑھے **اللّٰہ** عَزَّوَجَلَّ اس کو ایسی جگہ سے رزق عطا فرمائے گا جہاں اس کا گمان بھی نہ ہوگا اور (روزانہ پڑھنے سے) **اِنۡ شَآءَ اللّٰہ** عَزَّوَجَلَّ ایک سال کے اندر اندر امیر و کبیر ہو جائے گا۔

...... کند ذہن اگر **بِسۡمِ اللّٰہِ الرَّحۡمٰنِ الرَّحِیۡمِ** 786 بار (اول آخر ایک بار درود شریف) پڑھ کر پانی پر دم کر کے پی لے تو **اِنۡ شَآءَ اللّٰہ** عَزَّوَجَلَّ اس کا حافظہ مضبوط ہو جائے اور جو بات سنے یاد رہے۔ (شمس المعارف مترجم، ص ۷۳)

فیضانِ نماز